In Loving Memory Of

_____

Born

_____

Entered Into Rest

_____

Guest Name _____

_____

_____

Contact Info _____

_____

Guest Name _____

_____

_____

Contact Info _____

_____

Thoughts & Memories _____

_____

_____

_____

_____

_____

Thoughts & Memories _____

_____

_____

_____

_____

Guest Name _____

_____

_____

_____

Contact Info _____

_____

Thoughts & Memories _____

_____

_____

_____

_____

_____

Guest Name _____

_____

_____

_____

Contact Info _____

_____

Thoughts & Memories _____

_____

_____

_____

_____

_____

Guest Name _____

_____

_____

Contact Info _____

_____

Guest Name _____

_____

_____

Contact Info _____

_____

Thoughts & Memories _____

_____

_____

_____

_____

_____

Thoughts & Memories _____

_____

_____

_____

_____

Guest Name _____

_____

_____

Contact Info _____

_____

Guest Name _____

_____

_____

Contact Info _____

_____

Thoughts & Memories _____

_____

_____

_____

_____

Thoughts & Memories _____

_____

_____

_____

_____

Guest Name _____

_____

_____

_____

Contact Info _____

_____

Thoughts & Memories _____

_____

_____

_____

_____

_____

Guest Name _____

_____

_____

_____

Contact Info _____

_____

Thoughts & Memories _____

_____

_____

_____

_____

_____

Guest Name _____   *Thoughts & Memories* _____

_____   _____

_____   _____

_____   _____

Contact Info _____   _____

_____   _____

Guest Name _____   *Thoughts & Memories* _____

_____   _____

_____   _____

Contact Info _____   _____

_____   _____

Guest Name _____

_____

_____

_____

Contact Info _____

_____

Guest Name _____

_____

_____

_____

Contact Info _____

_____

Thoughts & Memories _____

_____

_____

_____

_____

_____

Thoughts & Memories _____

_____

_____

_____

_____

Guest Name _____

_____

_____

_____

Contact Info _____

_____

Thoughts & Memories _____

_____

_____

_____

_____

_____

Guest Name _____

_____

_____

_____

Contact Info _____

_____

Thoughts & Memories _____

_____

_____

_____

_____

_____

Guest Name _____

_____

_____

_____

Contact Info _____

_____

Thoughts & Memories _____

_____

_____

_____

_____

_____

Guest Name _____

_____

_____

_____

Contact Info _____

_____

Thoughts & Memories _____

_____

_____

_____

_____

Guest Name _____

_____

_____

_____

Contact Info _____

_____

Guest Name _____

_____

_____

_____

Contact Info _____

_____

Thoughts & Memories _____

_____

_____

_____

_____

_____

Thoughts & Memories _____

_____

_____

_____

_____

_____

Guest Name _____

_____

_____

Contact Info _____

_____

Guest Name _____

_____

_____

Contact Info _____

_____

Thoughts & Memories _____

_____

_____

_____

_____

Thoughts & Memories _____

_____

_____

_____

_____

Guest Name _____

_____

_____

_____

Contact Info _____

_____

Guest Name _____

_____

_____

_____

Contact Info _____

_____

Thoughts & Memories _____

_____

_____

_____

_____

_____

Thoughts & Memories _____

_____

_____

_____

_____

Guest Name _____

_____

_____

Contact Info _____

_____

Guest Name _____

_____

_____

Contact Info _____

_____

Thoughts & Memories _____

_____

_____

_____

_____

Thoughts & Memories _____

_____

_____

_____

_____

Guest Name _____

_____

_____

Contact Info _____

_____

Guest Name _____

_____

_____

Contact Info _____

_____

Thoughts & Memories _____

_____

_____

_____

_____

Thoughts & Memories _____

_____

_____

_____

Guest Name _____

_____

_____

Contact Info _____

_____

Guest Name _____

_____

_____

Contact Info _____

_____

Thoughts & Memories _____

_____

_____

_____

_____

Thoughts & Memories _____

_____

_____

_____

Guest Name _____

_____

_____

_____

Contact Info _____

_____

Guest Name _____

_____

_____

_____

Contact Info _____

_____

Thoughts & Memories _____

_____

_____

_____

_____

_____

Thoughts & Memories _____

_____

_____

_____

_____

_____

Guest Name _____

_____

_____

_____

Contact Info _____

_____

Thoughts & Memories _____

_____

_____

_____

_____

_____

Guest Name _____

_____

_____

_____

Contact Info _____

_____

Thoughts & Memories _____

_____

_____

_____

_____

Guest Name _____

_____

_____

Contact Info _____

_____

Thoughts & Memories _____

_____

_____

_____

_____

Guest Name _____

_____

_____

Contact Info _____

_____

Thoughts & Memories _____

_____

_____

_____

_____

Guest Name _____

_____

_____

_____

Contact Info _____

_____

Thoughts & Memories _____

_____

_____

_____

_____

_____

Guest Name _____

_____

_____

_____

Contact Info _____

_____

Thoughts & Memories _____

_____

_____

_____

_____

Guest Name _____

_____

_____

_____

Contact Info _____

_____

Thoughts & Memories _____

_____

_____

_____

_____

_____

Guest Name _____

_____

_____

_____

Contact Info _____

_____

Thoughts & Memories _____

_____

_____

_____

_____

_____

Guest Name _____

_____

_____

_____

Contact Info _____

_____

Guest Name _____

_____

_____

_____

Contact Info _____

_____

Thoughts & Memories _____

_____

_____

_____

_____

Thoughts & Memories _____

_____

_____

_____

_____

Guest Name _____

_____

_____

Contact Info _____

_____

Guest Name _____

_____

_____

Contact Info _____

_____

Thoughts & Memories _____

_____

_____

_____

_____

Thoughts & Memories _____

_____

_____

_____

_____

Guest Name _____

_____

_____

Contact Info _____

_____

Thoughts & Memories _____

_____

_____

_____

_____

Guest Name _____

_____

_____

Contact Info _____

_____

Thoughts & Memories _____

_____

_____

_____

Guest Name _____

_____

_____

_____

Contact Info _____

_____

Thoughts & Memories _____

_____

_____

_____

_____

_____

Guest Name _____

_____

_____

_____

Contact Info _____

_____

Thoughts & Memories _____

_____

_____

_____

_____

Guest Name _____

_____

_____

Contact Info _____

_____

Thoughts & Memories _____

_____

_____

_____

_____

Guest Name _____

_____

_____

Contact Info _____

_____

Thoughts & Memories _____

_____

_____

_____

_____

Guest Name _____

_____

_____

Contact Info _____

_____

Guest Name _____

_____

_____

Contact Info _____

_____

Thoughts & Memories _____

_____

_____

_____

_____

Thoughts & Memories _____

_____

_____

_____

_____

Guest Name _____

_____

_____

_____

Contact Info _____

_____

Thoughts & Memories _____

_____

_____

_____

_____

_____

Guest Name _____

_____

_____

_____

Contact Info _____

_____

Thoughts & Memories _____

_____

_____

_____

_____

_____

Guest Name _____

_____

_____

_____

Contact Info _____

_____

Thoughts & Memories _____

_____

_____

_____

_____

_____

Guest Name _____

_____

_____

_____

Contact Info _____

_____

Thoughts & Memories _____

_____

_____

_____

_____

_____

Guest Name _____

_____

_____

Contact Info _____

_____

Guest Name _____

_____

_____

Contact Info _____

_____

Thoughts & Memories _____

_____

_____

_____

_____

_____

Thoughts & Memories _____

_____

_____

_____

_____

Guest Name _____

_____

_____

Contact Info _____

_____

Thoughts & Memories _____

_____

_____

_____

_____

Guest Name _____

_____

_____

Contact Info _____

_____

Thoughts & Memories _____

_____

_____

_____

_____

Guest Name _____

_____

_____

_____

Contact Info _____

_____

Thoughts & Memories _____

_____

_____

_____

_____

_____

Guest Name _____

_____

_____

_____

Contact Info _____

_____

Thoughts & Memories _____

_____

_____

_____

_____

_____

Guest Name _____

_____

_____

Contact Info _____

_____

Guest Name _____

_____

_____

Contact Info _____

_____

Thoughts & Memories _____

_____

_____

_____

_____

_____

Thoughts & Memories _____

_____

_____

_____

_____

Guest Name _____

_____

_____

Contact Info _____

_____

Guest Name _____

_____

_____

Contact Info _____

_____

Thoughts & Memories _____

_____

_____

_____

_____

Thoughts & Memories _____

_____

_____

_____

_____

Guest Name _____

_____

_____

Contact Info _____

_____

Guest Name _____

_____

_____

Contact Info _____

_____

Thoughts & Memories _____

_____

_____

_____

_____

Thoughts & Memories _____

_____

_____

_____

_____

Guest Name _____

_____

_____

_____

Contact Info _____

_____

Guest Name _____

_____

_____

_____

Contact Info _____

_____

Thoughts & Memories _____

_____

_____

_____

_____

_____

Thoughts & Memories _____

_____

_____

_____

_____

_____

Guest Name _____   *Thoughts & Memories* _____

_____   _____

_____   _____

Contact Info _____   _____

_____   _____

Guest Name _____   *Thoughts & Memories* _____

_____   _____

_____   _____

Contact Info _____   _____

_____   _____

Guest Name _____   *Thoughts & Memories* _____

_____   _____

_____   _____

_____   _____

Contact Info _____   _____

_____   _____

Guest Name _____   *Thoughts & Memories* _____

_____   _____

_____   _____

_____   _____

Contact Info _____   _____

_____   _____

Guest Name _____

_____

_____

_____

Contact Info _____

_____

Guest Name _____

_____

_____

_____

Contact Info _____

_____

Thoughts & Memories _____

_____

_____

_____

_____

_____

Thoughts & Memories _____

_____

_____

_____

_____

Guest Name _____

_____

_____

_____

Contact Info _____

_____

Guest Name _____

_____

_____

_____

Contact Info _____

_____

Thoughts & Memories _____

_____

_____

_____

_____

Thoughts & Memories _____

_____

_____

_____

_____

Guest Name _____

_____

_____

_____

Contact Info _____

_____

Thoughts & Memories _____

_____

_____

_____

_____

Guest Name _____

_____

_____

_____

Contact Info _____

_____

Thoughts & Memories _____

_____

_____

_____

_____

Guest Name _____

_____

_____

Contact Info _____

_____

Guest Name _____

_____

_____

Contact Info _____

_____

Thoughts & Memories _____

_____

_____

_____

_____

_____

Thoughts & Memories _____

_____

_____

_____

Guest Name _____

_____

_____

_____

Contact Info _____

_____

Thoughts & Memories _____

_____

_____

_____

_____

Guest Name _____

_____

_____

_____

Contact Info _____

_____

Thoughts & Memories _____

_____

_____

_____

_____

Guest Name _____

_____

_____

_____

Contact Info _____

_____

Thoughts & Memories _____

_____

_____

_____

_____

_____

Guest Name _____

_____

_____

_____

Contact Info _____

_____

Thoughts & Memories _____

_____

_____

_____

_____

_____

Guest Name _____

_____

_____

_____

Contact Info _____

_____

Guest Name _____

_____

_____

_____

Contact Info _____

_____

Thoughts & Memories _____

_____

_____

_____

_____

_____

Thoughts & Memories _____

_____

_____

_____

_____

Guest Name _____

_____

_____

_____

Contact Info _____

_____

Thoughts & Memories _____

_____

_____

_____

_____

_____

Guest Name _____

_____

_____

_____

Contact Info _____

_____

Thoughts & Memories _____

_____

_____

_____

Guest Name _____

_____

_____

Contact Info _____

_____

Guest Name _____

_____

_____

Contact Info _____

_____

Thoughts & Memories _____

_____

_____

_____

_____

Thoughts & Memories _____

_____

_____

_____

_____

Guest Name _____

_____

_____

_____

Contact Info _____

_____

Guest Name _____

_____

_____

_____

Contact Info _____

_____

Thoughts & Memories _____

_____

_____

_____

_____

_____

Thoughts & Memories _____

_____

_____

_____

_____

Guest Name _____

_____

_____

Contact Info _____

_____

Guest Name _____

_____

_____

Contact Info _____

_____

Thoughts & Memories _____

_____

_____

_____

_____

Thoughts & Memories _____

_____

_____

_____

_____

Guest Name _____

_____

_____

Contact Info _____

_____

Guest Name _____

_____

_____

Contact Info _____

_____

Thoughts & Memories _____

_____

_____

_____

_____

Thoughts & Memories _____

_____

_____

_____

_____

Guest Name _____

_____

_____

Contact Info _____

_____

Guest Name _____

_____

_____

Contact Info _____

_____

Thoughts & Memories _____

_____

_____

_____

_____

Thoughts & Memories _____

_____

_____

_____

_____

Guest Name _____

_____

_____

_____

Contact Info _____

_____

Thoughts & Memories _____

_____

_____

_____

_____

_____

Guest Name _____

_____

_____

_____

Contact Info _____

_____

Thoughts & Memories _____

_____

_____

_____

_____

_____

Guest Name _____

_____

_____

Contact Info _____

_____

Guest Name _____

_____

_____

Contact Info _____

_____

Thoughts & Memories _____

_____

_____

_____

_____

Thoughts & Memories _____

_____

_____

_____

Guest Name _____

_____

_____

_____

Contact Info _____

_____

Guest Name _____

_____

_____

_____

Contact Info _____

_____

Thoughts & Memories _____

_____

_____

_____

_____

_____

Thoughts & Memories _____

_____

_____

_____

_____

_____

Guest Name _____

_____

_____

Contact Info _____

_____

Guest Name _____

_____

_____

Contact Info _____

_____

Thoughts & Memories _____

_____

_____

_____

_____

_____

Thoughts & Memories _____

_____

_____

_____

_____

Guest Name _____

_____

_____

_____

Contact Info _____

_____

Thoughts & Memories _____

_____

_____

_____

_____

_____

Guest Name _____

_____

_____

_____

Contact Info _____

_____

Thoughts & Memories _____

_____

_____

_____

_____

_____

Guest Name _____

_____

_____

Contact Info _____

_____

Guest Name _____

_____

_____

Contact Info _____

_____

Thoughts & Memories _____

_____

_____

_____

_____

Thoughts & Memories _____

_____

_____

_____

Guest Name _____

_____

_____

Contact Info _____

_____

Thoughts & Memories _____

_____

_____

_____

_____

Guest Name _____

_____

_____

Contact Info _____

_____

Thoughts & Memories _____

_____

_____

_____

_____

Guest Name _____

_____

_____

_____

Contact Info _____

_____

Guest Name _____

_____

_____

_____

Contact Info _____

_____

Thoughts & Memories _____

_____

_____

_____

_____

Thoughts & Memories _____

_____

_____

_____

_____

Guest Name _____

_____

_____

_____

Contact Info _____

_____

Guest Name _____

_____

_____

_____

Contact Info _____

_____

Thoughts & Memories _____

_____

_____

_____

_____

_____

Thoughts & Memories _____

_____

_____

_____

_____

_____

Guest Name _____

_____

_____

Contact Info _____

_____

Guest Name _____

_____

_____

Contact Info _____

_____

Thoughts & Memories _____

_____

_____

_____

_____

Thoughts & Memories _____

_____

_____

_____

_____

Guest Name _____

_____

_____

Contact Info _____

_____

Guest Name _____

_____

_____

Contact Info _____

_____

Thoughts & Memories _____

_____

_____

_____

_____

Thoughts & Memories _____

_____

_____

_____

_____

Guest Name _____

_____

_____

Contact Info _____

_____

Guest Name _____

_____

_____

Contact Info _____

_____

Thoughts & Memories _____

_____

_____

_____

_____

_____

Thoughts & Memories _____

_____

_____

_____

_____

Guest Name _____

_____

_____

_____

Contact Info _____

_____

Guest Name _____

_____

_____

_____

Contact Info _____

_____

Thoughts & Memories _____

_____

_____

_____

_____

_____

Thoughts & Memories _____

_____

_____

_____

_____

Guest Name _____

_____

_____

_____

Contact Info _____

_____

Guest Name _____

_____

_____

_____

Contact Info _____

_____

Thoughts & Memories _____

_____

_____

_____

_____

_____

Thoughts & Memories _____

_____

_____

_____

_____

Guest Name _____

_____

_____

_____

Contact Info _____

_____

Thoughts & Memories _____

_____

_____

_____

_____

_____

Guest Name _____

_____

_____

_____

Contact Info _____

_____

Thoughts & Memories _____

_____

_____

_____

_____

_____

Guest Name _____

_____

_____

Contact Info _____

_____

Guest Name _____

_____

_____

Contact Info _____

_____

Thoughts & Memories _____

_____

_____

_____

_____

Thoughts & Memories _____

_____

_____

_____

_____

Guest Name _____

_____

_____

_____

Contact Info _____

_____

Thoughts & Memories _____

_____

_____

_____

_____

_____

Guest Name _____

_____

_____

_____

Contact Info _____

_____

Thoughts & Memories _____

_____

_____

_____

_____

_____

Guest Name _____

_____

_____

Contact Info _____

_____

Guest Name _____

_____

_____

Contact Info _____

_____

Thoughts & Memories _____

_____

_____

_____

_____

Thoughts & Memories _____

_____

_____

_____

Guest Name _____

_____

_____

Contact Info _____

_____

Thoughts & Memories _____

_____

_____

_____

_____

Guest Name _____

_____

_____

Contact Info _____

_____

Thoughts & Memories _____

_____

_____

_____

_____

Guest Name _____

_____

_____

Contact Info _____

_____

Guest Name _____

_____

_____

Contact Info _____

_____

Thoughts & Memories _____

_____

_____

_____

_____

Thoughts & Memories _____

_____

_____

_____

_____

Guest Name _____

_____

_____

Contact Info _____

_____

Guest Name _____

_____

_____

Contact Info _____

_____

Thoughts & Memories _____

_____

_____

_____

_____

Thoughts & Memories _____

_____

_____

_____

_____

Guest Name _____

_____

_____

_____

Contact Info _____

_____

Guest Name _____

_____

_____

_____

Contact Info _____

_____

Thoughts & Memories _____

_____

_____

_____

_____

_____

Thoughts & Memories _____

_____

_____

_____

_____

Guest Name _____

_____

_____

_____

Contact Info _____

_____

Guest Name _____

_____

_____

_____

Contact Info _____

_____

Thoughts & Memories _____

_____

_____

_____

_____

_____

Thoughts & Memories _____

_____

_____

_____

_____

_____

Guest Name _____

_____

_____

Contact Info _____

_____

Guest Name _____

_____

_____

Contact Info _____

_____

Thoughts & Memories _____

_____

_____

_____

_____

_____

Thoughts & Memories _____

_____

_____

_____

_____

Guest Name _____

_____

_____

_____

Contact Info _____

_____

Thoughts & Memories _____

_____

_____

_____

_____

_____

Guest Name _____

_____

_____

_____

Contact Info _____

_____

Thoughts & Memories _____

_____

_____

_____

_____

Guest Name _____

_____

_____

Contact Info _____

_____

Guest Name _____

_____

_____

Contact Info _____

_____

Thoughts & Memories _____

_____

_____

_____

_____

_____

Thoughts & Memories _____

_____

_____

_____

_____

Guest Name _____

_____

_____

Contact Info _____

_____

Guest Name _____

_____

_____

Contact Info _____

_____

Thoughts & Memories _____

_____

_____

_____

_____

Thoughts & Memories _____

_____

_____

_____

_____

Guest Name _____

_____

_____

_____

Contact Info _____

_____

Thoughts & Memories _____

_____

_____

_____

_____

Guest Name _____

_____

_____

_____

Contact Info _____

_____

Thoughts & Memories _____

_____

_____

_____

_____

Guest Name _____

_____

_____

Contact Info _____

_____

Thoughts & Memories _____

_____

_____

_____

_____

_____

Guest Name _____

_____

_____

Contact Info _____

_____

Thoughts & Memories _____

_____

_____

_____

_____

Guest Name _____

_____

_____

Contact Info _____

_____

Guest Name _____

_____

_____

Contact Info _____

_____

Thoughts & Memories _____

_____

_____

_____

_____

_____

Thoughts & Memories _____

_____

_____

_____

_____

Guest Name _____

_____

_____

_____

Contact Info _____

_____

Thoughts & Memories _____

_____

_____

_____

_____

_____

Guest Name _____

_____

_____

_____

Contact Info _____

_____

Thoughts & Memories _____

_____

_____

_____

_____

_____

Guest Name _____

_____

_____

Contact Info _____

_____

Thoughts & Memories _____

_____

_____

_____

_____

Guest Name _____

_____

_____

Contact Info _____

_____

Thoughts & Memories _____

_____

_____

_____

_____

Guest Name _____

_____

_____

Contact Info _____

_____

Thoughts & Memories _____

_____

_____

_____

_____

Guest Name _____

_____

_____

Contact Info _____

_____

Thoughts & Memories _____

_____

_____

_____

_____

Guest Name _____

_____

_____

_____

Contact Info _____

_____

Thoughts & Memories _____

_____

_____

_____

_____

Guest Name _____

_____

_____

_____

Contact Info _____

_____

Thoughts & Memories _____

_____

_____

_____

Guest Name _____

_____

_____

Contact Info _____

_____

Thoughts & Memories _____

_____

_____

_____

_____

Guest Name _____

_____

_____

Contact Info _____

_____

Thoughts & Memories _____

_____

_____

_____

_____

Guest Name _____

_____

_____

Contact Info _____

_____

Thoughts & Memories _____

_____

_____

_____

_____

_____

Guest Name _____

_____

_____

Contact Info _____

_____

Thoughts & Memories _____

_____

_____

_____

Guest Name _____

_____

_____

Contact Info _____

_____

Thoughts & Memories _____

_____

_____

_____

_____

_____

Guest Name _____

_____

_____

Contact Info _____

_____

Thoughts & Memories _____

_____

_____

_____

_____

Guest Name _____

_____

_____

_____

Contact Info _____

_____

Thoughts & Memories _____

_____

_____

_____

_____

_____

Guest Name _____

_____

_____

_____

Contact Info _____

_____

Thoughts & Memories _____

_____

_____

_____

_____

Guest Name _____

_____

_____

Contact Info _____

_____

Thoughts & Memories _____

_____

_____

_____

_____

Guest Name _____

_____

_____

Contact Info _____

_____

Thoughts & Memories _____

_____

_____

_____

_____

Guest Name _____

_____

_____

Contact Info _____

_____

Guest Name _____

_____

_____

Contact Info _____

_____

Thoughts & Memories _____

_____

_____

_____

_____

_____

Thoughts & Memories _____

_____

_____

_____

_____

Guest Name _____

_____

_____

Contact Info _____

_____

Thoughts & Memories _____

_____

_____

_____

_____

_____

Guest Name _____

_____

_____

Contact Info _____

_____

Thoughts & Memories _____

_____

_____

_____

_____

Guest Name _____

_____

_____

Contact Info _____

_____

Guest Name _____

_____

_____

Contact Info _____

_____

Thoughts & Memories _____

_____

_____

_____

_____

Thoughts & Memories _____

_____

_____

_____

_____

Guest Name _____

_____

_____

_____

Contact Info _____

_____

Guest Name _____

_____

_____

_____

Contact Info _____

_____

Thoughts & Memories _____

_____

_____

_____

_____

_____

Thoughts & Memories _____

_____

_____

_____

_____

_____

Guest Name _____

_____

_____

Contact Info _____

_____

Thoughts & Memories _____

_____

_____

_____

_____

Guest Name _____

_____

_____

Contact Info _____

_____

Thoughts & Memories _____

_____

_____

_____

_____

Guest Name _____

_____

_____

Contact Info _____

_____

Thoughts & Memories _____

_____

_____

_____

_____

Guest Name _____

_____

_____

Contact Info _____

_____

Thoughts & Memories _____

_____

_____

_____

Guest Name _____

_____

_____

Contact Info _____

_____

Guest Name _____

_____

_____

Contact Info _____

_____

Thoughts & Memories _____

_____

_____

_____

_____

Thoughts & Memories _____

_____

_____

_____

_____

Guest Name _____

_____

_____

Contact Info _____

_____

Guest Name _____

_____

_____

Contact Info _____

_____

Thoughts & Memories _____

_____

_____

_____

_____

Thoughts & Memories _____

_____

_____

_____

_____

Guest Name _____

_____

_____

_____

Contact Info _____

_____

Thoughts & Memories _____

_____

_____

_____

_____

_____

Guest Name _____

_____

_____

_____

Contact Info _____

_____

Thoughts & Memories _____

_____

_____

_____

Guest Name _____

_____

_____

Contact Info _____

_____

Thoughts & Memories _____

_____

_____

_____

_____

_____

Guest Name _____

_____

_____

Contact Info _____

_____

Thoughts & Memories _____

_____

_____

_____

_____

Guest Name _____

_____

_____

_____

Contact Info _____

_____

Thoughts & Memories _____

_____

_____

_____

_____

_____

Guest Name _____

_____

_____

_____

Contact Info _____

_____

Thoughts & Memories _____

_____

_____

_____

_____

Guest Name _____

_____

_____

_____

Contact Info _____

_____

Guest Name _____

_____

_____

_____

Contact Info _____

_____

Thoughts & Memories _____

_____

_____

_____

_____

_____

Thoughts & Memories _____

_____

_____

_____

_____

Guest Name _____

_____

_____

Contact Info _____

_____

Guest Name _____

_____

_____

Contact Info _____

_____

Thoughts & Memories _____

_____

_____

_____

_____

Thoughts & Memories _____

_____

_____

_____

Guest Name _____

_____

_____

Contact Info _____

_____

Guest Name _____

_____

_____

Contact Info _____

_____

Thoughts & Memories _____

_____

_____

_____

_____

Thoughts & Memories _____

_____

_____

_____

Guest Name _____

_____

_____

Contact Info _____

_____

Thoughts & Memories _____

_____

_____

_____

_____

_____

Guest Name _____

_____

_____

Contact Info _____

_____

Thoughts & Memories _____

_____

_____

_____

_____

Guest Name _____

_____

_____

Contact Info _____

_____

Thoughts & Memories _____

_____

_____

_____

Guest Name _____

_____

_____

Contact Info _____

_____

Thoughts & Memories _____

_____

_____

_____

Guest Name _____

_____

_____

_____

Contact Info _____

_____

Thoughts & Memories _____

_____

_____

_____

_____

_____

Guest Name _____

_____

_____

_____

Contact Info _____

_____

Thoughts & Memories _____

_____

_____

_____

_____

_____

Guest Name _____

_____

_____

_____

Contact Info _____

_____

Guest Name _____

_____

_____

_____

Contact Info _____

_____

Thoughts & Memories _____

_____

_____

_____

_____

_____

Thoughts & Memories _____

_____

_____

_____

_____

Guest Name _____

_____

_____

Contact Info _____

_____

Thoughts & Memories _____

_____

_____

_____

_____

Guest Name _____

_____

_____

Contact Info _____

_____

Thoughts & Memories _____

_____

_____

_____

_____

Guest Name _____

_____

_____

Contact Info _____

_____

Guest Name _____

_____

_____

Contact Info _____

_____

Thoughts & Memories _____

_____

_____

_____

_____

Thoughts & Memories _____

_____

_____

_____

_____

Guest Name _____

_____

_____

_____

Contact Info _____

_____

Thoughts & Memories _____

_____

_____

_____

_____

_____

Guest Name _____

_____

_____

_____

Contact Info _____

_____

Thoughts & Memories _____

_____

_____

_____

_____

Guest Name _____

_____

_____

Contact Info _____

_____

Thoughts & Memories _____

_____

_____

_____

_____

_____

Guest Name _____

_____

_____

Contact Info _____

_____

Thoughts & Memories _____

_____

_____

_____

_____

Guest Name _____

_____

_____

Contact Info _____

_____

Guest Name _____

_____

_____

Contact Info _____

_____

Thoughts & Memories _____

_____

_____

_____

_____

Thoughts & Memories _____

_____

_____

_____

_____

Guest Name _____

_____

_____

Contact Info _____

_____

Thoughts & Memories _____

_____

_____

_____

_____

_____

Guest Name _____

_____

_____

Contact Info _____

_____

Thoughts & Memories _____

_____

_____

_____

Guest Name _____

_____

_____

Contact Info _____

_____

Thoughts & Memories _____

_____

_____

_____

_____

Guest Name _____

_____

_____

Contact Info _____

_____

Thoughts & Memories _____

_____

_____

_____

Guest Name _____

_____

_____

_____

Contact Info _____

_____

Guest Name _____

_____

_____

_____

Contact Info _____

_____

Thoughts & Memories _____

_____

_____

_____

_____

_____

Thoughts & Memories _____

_____

_____

_____

_____

Guest Name _____

_____

_____

Contact Info _____

_____

Guest Name _____

_____

_____

Contact Info _____

_____

Thoughts & Memories _____

_____

_____

_____

_____

Thoughts & Memories _____

_____

_____

_____

_____

Guest Name _____

_____

_____

_____

Contact Info _____

_____

Guest Name _____

_____

_____

_____

Contact Info _____

_____

Thoughts & Memories _____

_____

_____

_____

_____

_____

Thoughts & Memories _____

_____

_____

_____

_____

_____

Guest Name _____

_____

_____

_____

Contact Info _____

_____

Guest Name _____

_____

_____

_____

Contact Info _____

_____

Thoughts & Memories _____

_____

_____

_____

_____

_____

Thoughts & Memories _____

_____

_____

_____

Guest Name _____

_____

_____

Contact Info _____

_____

Thoughts & Memories _____

_____

_____

_____

_____

Guest Name _____

_____

_____

Contact Info _____

_____

Thoughts & Memories _____

_____

_____

_____

_____

Guest Name _____

_____

_____

_____

Contact Info _____

_____

Guest Name _____

_____

_____

_____

Contact Info _____

_____

Thoughts & Memories _____

_____

_____

_____

_____

_____

Thoughts & Memories _____

_____

_____

_____

_____

Guest Name _____

_____

_____

_____

Contact Info _____

_____

Guest Name _____

_____

_____

_____

Contact Info _____

_____

Thoughts & Memories _____

_____

_____

_____

_____

_____

Thoughts & Memories _____

_____

_____

_____

_____

Guest Name _____

_____

_____

_____

Contact Info _____

_____

Thoughts & Memories _____

_____

_____

_____

_____

_____

Guest Name _____

_____

_____

_____

Contact Info _____

_____

Thoughts & Memories _____

_____

_____

_____

_____

_____

Guest Name _____

_____

_____

_____

Contact Info _____

_____

Guest Name _____

_____

_____

_____

Contact Info _____

_____

Thoughts & Memories _____

_____

_____

_____

_____

_____

Thoughts & Memories _____

_____

_____

_____

_____

Guest Name _____

_____

_____

_____

Contact Info _____

_____

Guest Name _____

_____

_____

_____

Contact Info _____

_____

Thoughts & Memories _____

_____

_____

_____

_____

_____

Thoughts & Memories _____

_____

_____

_____

_____

Guest Name _____

_____

_____

Contact Info _____

_____

Thoughts & Memories _____

_____

_____

_____

_____

Guest Name _____

_____

_____

Contact Info _____

_____

Thoughts & Memories _____

_____

_____

_____

_____

Guest Name _____

_____

_____

Contact Info _____

_____

Guest Name _____

_____

_____

Contact Info _____

_____

Thoughts & Memories _____

_____

_____

_____

_____

Thoughts & Memories _____

_____

_____

_____

_____

Guest Name _____

_____

_____

Contact Info _____

_____

Thoughts & Memories _____

_____

_____

_____

_____

Guest Name _____

_____

_____

Contact Info _____

_____

Thoughts & Memories _____

_____

_____

_____

_____

Guest Name _____

_____

_____

_____

Contact Info _____

_____

Guest Name _____

_____

_____

_____

Contact Info _____

_____

Thoughts & Memories _____

_____

_____

_____

_____

_____

Thoughts & Memories _____

_____

_____

_____

_____

Guest Name _____

_____

_____

_____

Contact Info _____

_____

Thoughts & Memories _____

_____

_____

_____

_____

Guest Name _____

_____

_____

_____

Contact Info _____

_____

Thoughts & Memories _____

_____

_____

_____

_____

Guest Name _____

_____

_____

_____

Contact Info _____

_____

Guest Name _____

_____

_____

_____

Contact Info _____

_____

Thoughts & Memories _____

_____

_____

_____

_____

_____

Thoughts & Memories _____

_____

_____

_____

_____

Guest Name _____

_____

_____

_____

Contact Info _____

_____

Guest Name _____

_____

_____

_____

Contact Info _____

_____

Thoughts & Memories _____

_____

_____

_____

_____

_____

Thoughts & Memories _____

_____

_____

_____

_____

_____

Guest Name _____

_____

_____

Contact Info _____

_____

Thoughts & Memories _____

_____

_____

_____

_____

Guest Name _____

_____

_____

Contact Info _____

_____

Thoughts & Memories _____

_____

_____

_____

Guest Name _____

_____

_____

_____

Contact Info _____

_____

Thoughts & Memories _____

_____

_____

_____

_____

_____

Guest Name _____

_____

_____

_____

Contact Info _____

_____

Thoughts & Memories _____

_____

_____

_____

_____

Guest Name _____   *Thoughts & Memories* _____

_____   _____

_____   _____

                                    _____

Contact Info _____   _____

_____   _____

Guest Name _____   *Thoughts & Memories* _____

_____   _____

_____   _____

                                    _____

Contact Info _____   _____

_____   _____

Guest Name _____   *Thoughts & Memories* _____

_____   _____

_____   _____

Contact Info _____   _____

_____   _____

Guest Name _____   *Thoughts & Memories* _____

_____   _____

_____   _____

Contact Info _____   _____

_____   _____

Guest Name _____

_____

_____

_____

Contact Info _____

_____

Guest Name _____

_____

_____

_____

Contact Info _____

_____

Thoughts & Memories _____

_____

_____

_____

_____

_____

Thoughts & Memories _____

_____

_____

_____

Guest Name _____

_____

_____

Contact Info _____

_____

Guest Name _____

_____

_____

Contact Info _____

_____

Thoughts & Memories _____

_____

_____

_____

_____

_____

Thoughts & Memories _____

_____

_____

_____

_____

Guest Name _____

_____

_____

_____

Contact Info _____

_____

Guest Name _____

_____

_____

_____

Contact Info _____

_____

Thoughts & Memories _____

_____

_____

_____

_____

_____

Thoughts & Memories _____

_____

_____

_____

_____

Guest Name _____

_____

_____

_____

Contact Info _____

_____

Guest Name _____

_____

_____

_____

Contact Info _____

_____

Thoughts & Memories _____

_____

_____

_____

_____

_____

Thoughts & Memories _____

_____

_____

_____

_____

Guest Name _____

_____

_____

_____

Contact Info _____

_____

Guest Name _____

_____

_____

_____

Contact Info _____

_____

Thoughts & Memories _____

_____

_____

_____

_____

_____

Thoughts & Memories _____

_____

_____

_____

_____

Guest Name _____

_____

_____

Contact Info _____

_____

Guest Name _____

_____

_____

Contact Info _____

_____

Thoughts & Memories _____

_____

_____

_____

_____

Thoughts & Memories _____

_____

_____

_____

_____

Guest Name _____

_____

_____

_____

Contact Info _____

_____

Guest Name _____

_____

_____

_____

Contact Info _____

_____

Thoughts & Memories _____

_____

_____

_____

_____

_____

Thoughts & Memories _____

_____

_____

_____

_____

Guest Name _____

_____

_____

Contact Info _____

_____

Thoughts & Memories _____

_____

_____

_____

Guest Name _____

_____

_____

Contact Info _____

_____

Thoughts & Memories _____

_____

_____

_____

Guest Name _____

_____

_____

_____

Contact Info _____

_____

Thoughts & Memories _____

_____

_____

_____

_____

_____

Guest Name _____

_____

_____

_____

Contact Info _____

_____

Thoughts & Memories _____

_____

_____

_____

_____

_____

Guest Name _____

_____

_____

_____

Contact Info _____

_____

Guest Name _____

_____

_____

_____

Contact Info _____

_____

Thoughts & Memories _____

_____

_____

_____

_____

_____

Thoughts & Memories _____

_____

_____

_____

_____

Guest Name _____

_____

_____

Contact Info _____

_____

Guest Name _____

_____

_____

Contact Info _____

_____

Thoughts & Memories _____

_____

_____

_____

_____

_____

Thoughts & Memories _____

_____

_____

_____

_____

Guest Name _____

_____

_____

Contact Info _____

_____

Thoughts & Memories _____

_____

_____

_____

_____

Guest Name _____

_____

_____

Contact Info _____

_____

Thoughts & Memories _____

_____

_____

_____

_____

Guest Name _____

_____

_____

_____

Contact Info _____

_____

Guest Name _____

_____

_____

_____

Contact Info _____

_____

Thoughts & Memories _____

_____

_____

_____

_____

_____

Thoughts & Memories _____

_____

_____

_____

_____

Guest Name _____

_____

_____

_____

Contact Info _____

_____

Thoughts & Memories _____

_____

_____

_____

_____

_____

Guest Name _____

_____

_____

_____

Contact Info _____

_____

Thoughts & Memories _____

_____

_____

_____

_____

_____

Guest Name _____

_____

_____

_____

Contact Info _____

_____

Thoughts & Memories _____

_____

_____

_____

_____

_____

Guest Name _____

_____

_____

_____

Contact Info _____

_____

Thoughts & Memories _____

_____

_____

_____

Rest In Peace

Made in the USA
Columbia, SC
11 March 2025

55036748R00085